NIE WIEDER STREITEN!

NIE WIEDER STREITEN!

TENZIN (7 JAHRE) ZEIGT UNS, WIE FRIEDEN IM ALLTAG GELINGT

CLAUDIA MÄNNER

MIT TENZIN

Dieses Buch ist in großer Dankbarkeit allen Kindern dieser Welt gewidmet. Sie sind unser „Update" und zeigen uns die bedingungslose Liebe, die Glückseligkeit und das Leben im Hier und Jetzt, wenn wir ihnen die Möglichkeit dafür geben und uns „updaten" lassen.

DANKSAGUNG

Danke lieber Tenzin! Danke, dass es dich für uns gibt! Danke, für deine Wunder vollbringende Liebe.

Danke, dass du (vor)lebst, was du schon sehr früh in deinem Leben gesagt hast: „Ich bin hier, um Liebe zu leben und zu lehren."

Danke, dass du uns an die Formel erinnerst: „Liebe = gegenwärtig sein". Danke, dass durch dich mein Stern (wieder) leuchten und ich erkennen darf, dass ALLES Liebe IST.

Von Herzen deine Mami Claudia

1. Auflage 2019

Autoren: Claudia Männer mit Tenzin www.tenzin.de, www.nie-wieder-streiten.com

Verlag: Tenzin-Publishing, Wiesbaden, Deutschland
Umschlaggestaltung: Zero Werbeagentur Bildrechte
Kapitelzierde: Stars@jameschipper, depositphotos

Lektorat: Nina Micieli Korrektorat: Ilka Bredemeier

Buchdesign / Herausgabe: Heike Fröhling ISBN: 978-3-9821232-0-2

Danke für die wohlwollende Unterstützung u. a. von Tenzins Papi Michael, Dr. rer. medic. Kristiane Gierra, Jacqueline Hübner Gojowy, Juliane Leser, Stephanie Römhildt, Rudolf Enzenberger, Leopold Alois Gassler, Thomas Grausgruber und Dr. med. Norbert Merz

INHALT

VORWORT

Ein besonderes Dankeschön an unsere Vorfahren und an die Herren der heutigen Zeit.

Warum?

Wenn ich hier im Buch über „Liebe senden" spreche, dann haben viele Generationen vor uns den Weg dafür mit der Machete geebnet. Unsere Ahnen mussten - sinnbildlich gesprochen - noch Kohlen schippen, während wir heute einfach die Heizung einschalten und sogar von unterwegs über eine App im Handy das Haus aufwärmen können.

Sie mussten noch durch Ängste, Sorgen und Blockaden hindurchgehen in Bereichen, in denen wir es heute einfacher haben und alles leicht und schnell „in Liebe verwandeln" können und dürfen, wenn wir uns darauf einlassen.

Danke an die Herren, weil ihr es als Kinder meist viel schwerer hattet als wir Mädchen.

Ihr durftet oft nicht weinen oder eure Gefühle offen zeigen, musstet „funktionieren" und wurdet dadurch schon sehr früh „weit weg von euch" geführt, während wir Mädchen eher unsere Sensibilität leben durften.

Danke an alle Leser! Danke, dass ihr Mut habt und für ungewöhnliche Sichtweisen offen seid. Danke, dass ihr unter den Ersten mit auf die „Tanzfläche" kommt, damit viele Weitere folgen können.

„Mut steht am Anfang des Handelns, Glück am Ende."
Demokrit

WIE ES BEGANN ...

Als ich mit Tenzin schwanger war, sagte unsere Hebamme zu Michael und mir: „Jetzt habt ihr die Chance, die Natur im Original zu erleben. Frei von Ängsten, Sorgen, Konditionierungen, Blockaden und Glaubenssätzen. Folgt eurem Kind mit jedem Schritt durch alle Phasen seiner Entwick(e)lung, lebt gemeinsam seine Rhythmen und ihr werdet euch wieder selbst finden und frei sein."

Ich erinnere mich genau an unsere funkelnden Augen, als wir diese Weisheiten von unserer Hebamme erfahren durften und Michael ergänzte: „… vergleichbar sozusagen mit dem unverbastelten Originalzustand eines Oldtimers."

Als Anmerkung: Für manche Herren der Schöpfung ist es etwas ganz Besonderes, wenn jede Schraube am Auto echt ist – alles wirklich original und unverfälscht.

In diesem Moment beschlossen wir, dass unser Kind so bleiben darf, wie es ist, und wir uns also ändern werden. Wir waren neugierig, wie es sein würde, wenn wir uns nicht mehr ausschließlich rational beziehungsweise vorwiegend kopflastig verhielten, denn bis dahin meinten wir noch, dass WIR doch das Kind erziehen und ihm alles beibringen müssten.

Unsere Hebamme ergänzte: „Geht einfach mal davon aus, dass euer Kind wie der Samen eines Baumes ist, in dem bereits alles angelegt ist, was er zum Leben benötigt. Der Baum weiß genau, wer er ist und wie er wachsen möchte. Ihr braucht gar nichts zu *tun*."

Wir konnten uns das damals überhaupt nicht vorstellen.

Sie sagte weiterhin: „Seht das Kind als Lehrer. Den Weg des Verstandes kennt ihr. Ihr würdet immer wieder zu ihm zurückfinden. Folgt einfach mal euren Herzen und eurer Intuition."

Okay, im Notfall, wenn wir mit diesem Versuch in einer Sackgasse landen würden, könnten wir also ohne Weiteres jemanden um Rat fragen, den wir von früher kennen. Der – wie wir bisher – ausschließlich rational handelte, und somit dem Verstand folgte.

Als wir diese Überlegungen – um unsere Sicherheit zu behalten – durchgesprochen hatten,

„machten wir uns auf den Weg" und ließen uns auf das Abenteuer ein.

Das war vor mittlerweile mehr als 7 Jahren.

Wir haben Tenzin sozusagen als Lehrer anerkannt und waren ab jetzt seine Schüler. Wir haben es einfach ausprobiert. Ab diesem Tag haben wir uns sehr verändert. Und zwar in eine Richtung, von der wir nie *gedacht* hatten, dass es diese überhaupt gibt.

Kennt ihr vielleicht auch diese Sätze?

„Ich bin nicht ganz bei mir."

„Ich stehe neben mir."

„Ich bin außer mir."

„Ich bin neben der Spur."

Wir nutzen diese Sätze zwar oft, doch überlegen wir dabei auch, was sie bedeuten, welcher tiefere Sinn dahintersteckt?

Heute weiß ich, dass ich die letzten Jahre der Frage nachgegangen bin: Wer ist dann da, wenn ich nicht ganz bei mir bin?

Wenn ich nicht ganz bei mir bin, wer ist es dann, der da handelt – der mich tun lässt, was ich hinterher oft genug bereue?

An dieser Stelle möchte ich einen wertvollen Menschen nennen, der uns durch die Jahre unserer Entwicklung begleitet hat: unseren langjährigen Freund und Hausarzt Dr. med. Norbert Merz.

Er passte während dieser aufwühlenden Zeit ein bisschen auf uns auf. Einen ernst zu nehmenden Arzt wie ihn an unserer Seite zu haben, gab uns noch mehr Sicherheit.

Als ganzheitlicher Arzt, der auch energetisch arbeitet, ist er aus unserer Sicht ein Profi in „beiden Welten". Damit meinen wir die spirituelle und die materielle Ebene. Norbert hat auch ein Nachwort in Tenzins Buch „Tenzin's magisches Schmunzelspray" geschrieben, von dem ich später noch mehr erzählen werde.

WIR LEBEN IN RHYTHMEN

Wie ging es weiter?

Zum einen habe ich angefangen, Tenzins Rhythmus mitzuleben.

Wenn Tenzin sich bewegt hat, habe ich mich auch bewegt. Wenn er gegessen hat, habe ich mitgegessen. Wenn er getrunken hat, habe ich mitgetrunken.

Er ist schließlich ein Original. Also habe ich es einfach ausprobiert.

Und dann habe ich erstaunt feststellen dürfen, dass er sich genau 45 Minuten bewegt und 45 Minuten entspannt.

Ich habe begonnen, meine Beobachtungen zu

notieren. Beim Aufzeichnen fiel mir auf, dass sein Rhythmus eine Sinuskurve darstellt.

45 Minuten Anspannung, 45 Minuten Entspannung. Über den gesamten Tag verteilt.

Da wurde mir klar: Dies ist der Ur-Rhythmus. Das faszinierte mich.

Kurz danach habe ich ein Heft geschenkt bekommen, in dem ich auf einen Artikel von Dr. Rudolf Steiner stieß. Bis dahin war mir zwar bewusst, dass die Grundlagen des Demeter-Verbandes auf Rudolf Steiners Arbeit beruhen und er vor etwa 100 Jahren die Waldorfpädagogik begründet hat, ich wusste jedoch nicht, wer dieser Mensch genau war.

In diesem Heft entdeckte ich nun genau die gleiche Sinus-Kurve, die ich durch meine Beobachtungen herausgefunden hatte, und ich fand noch weitere Rhythmen.

„Drinnen – draußen", „führen – geführt werden" und weitere. Offensichtlich handelt es sich um die Kräfte Yin und Yang.

Nachdem ich diese Rhythmen verinnerlicht hatte, konnte ich meine Impulse selbst wieder spüren. Durst, Hunger, Bewegung, Entspannung usw.

Bisher hatte ich immer dann getrunken oder gegessen, wenn Zeit dafür übrig war. Geschlafen, wenn es der Job zuließ. Mir wurde klar, dass ich im

Ergebnis alles getan hatte, was dazu beitrug, dass ich „nicht mehr ganz bei mir war".

Ich hatte sozusagen die Impulse meiner Seele nicht mehr wahrgenommen und umgesetzt.

Tenzin nennt solche Impulse „Sternen-Impulse" – bezogen auf die geschilderte Situation: die „Sternen-Mami", also die Mami, die ganz bei sich ist und damit frei von Ängsten, Sorgen und Zweifeln.

Also hatte ich stets „etwas anderes" genährt. Und wie schon Johann Wolfgang von Goethe sagte: „Was wir in uns nähren, das wächst. Das ist ein ewiges Naturgesetz."

Heute weiß ich, dass ich mit meinem Verhalten oft nicht mein wahres Selbst genährt habe.

Was bedeutet es, wenn jemand fragt: „Wer bin ich?" Damals wusste ich noch nicht, was dahintersteckt. Heute ist mir klar: Wenn ich vorher nicht weiß, was es bedeutet, „wer ich bin", dann ist es einleuchtend, wenn ich es erst hinterher wissen kann, dass nicht ich im Original das war.

Also habe ich meine Impulse wieder wahrgenommen. Ich durfte z. B. wieder mehr spüren! Ich durfte mir als Kind wieder da begegnen, wo ich mich fast verloren hatte. Ich habe meine Impulse wieder direkt umgesetzt. Von morgens bis abends.

· · ·

Unser Freund Norbert sagte einmal zu mir: „Claudia, ich könnte gar nicht richtig arbeiten, wenn ich durstig wäre." Norbert arbeitet unter anderem kinesiologisch, und diese Art der Diagnostik und Therapie ist nicht möglich, ohne genügend Wasser getrunken zu haben.

Dies ist physikalisch auch ganz einfach zu erklären: Für den kinesiologischen Muskeltest wird eine gute Funktion von Nervensystem und Muskulatur benötigt. Beide Systeme arbeiten elektrisch, und zwar durch Ionenverschiebung an Membranen in wässrigem Milieu, und deshalb sollte genügend Wasser im Körper zur Verfügung stehen.

AUSWIRKUNGEN SICH AUFSTAUENDER ENERGIEN

Um noch einmal auf die Sinuskurve zurückzukommen:

Wenn also die Kinder (oftmals auch wegen innerer Anspannung der Erwachsenen) unruhig werden, befindet sich diese Kurve der Anspannung in der Aufwärts-Bewegung.

Wenn sie sich dann nicht bewegen dürfen, kommt der „Peak" – die Zerstörung. Dann werfen zum Beispiel Babys etwas hinunter. Vor Kurzem war ich in einem Supermarkt und an der Kasse stand eine Mami mit einem Einkaufswagen, in dem ein Kleinkind saß. Das Kleinkind nahm einen Becher Sauerrahm aus dem Wagen und warf ihn zu Boden. Dieses Kind konnte, bereits eine ganze Weile im Einkaufswagen festgehalten, seine Anspannung nicht anders ableiten.

Ist euch auch einmal aufgefallen, dass Babys gerne etwas aus dem Kinderwagen werfen?

Liegt es nicht nahe, dass dies – wenn so viele Kinder es tun – eine Bedeutung haben könnte?

Auch falten Babys häufig ihre Hände, um „Yin und Yang" wieder zu vereinen und damit das innere Gleichgewicht bzw. die verlorene innere Harmonie wiederherzustellen. Einige Babys berühren mit der Hand auch einen ihrer Füße.

Wenn Kinder ihre körperliche Energie rechtzeitig hinauslassen dürften, dann würde also kein „Peak" im Sinne von Zerstörung entstehen.

WIE ERKLÄRT(E) TENZIN HIERZU SEINE WAHRNEHMUNG?

Zunächst möchte ich noch erwähnen, dass für mich alle Kinder die gleichen Fähigkeiten haben, und wenn Tenzin mir etwas erklärt, könnte das auch jedes andere Kind ebenso – vorausgesetzt, es durfte „bei sich bleiben", damit seine Fähigkeiten behalten, und wird als vollwertiger Mensch gesehen.

Tenzin sagte: „Mami, wenn ich die Bewegungs-

Energie nicht umsetzen darf, dann verwandelt sich die Energie in Zerstörungs-Energie und ich spüre dann, wie sie in meinem Körper nach oben steigt."

Durch solche – uns Erwachsenen oftmals völlig willkürlich und unnötig erscheinende Zerstörungen – entsteht bei uns der „Bäh-Bäh-Bäh-Modus" (Tenzins Terminus für das Verhalten der Erwachsenen in solchen Situationen). Dann fallen beispielsweise Sätze wie: „Warum hast du das gemacht? Das sollst du doch nicht! Bäh bäh bäh …"

Tenzin ergänzte weiterhin: „Und wenn dann diese Energie nicht rausgelassen würde, dann kämen zerstörerische innere Bilder."

Diese Bilder werden von Erwachsenen manchmal in die Tat umgesetzt, die Auswirkungen sehen wir dann in den Nachrichten oder Zeitungen.

Mir wurde klar, dass das, was in negativer Stimmungslage durch uns wirkt, also zerstörerische Energien sind. Wie möchten wir diese nennen?

Wie sollen wir Ängste, Sorgen, Zweifel, Blockaden, Paradigmen, Glaubenssätze, Paniken etc. nennen?

Zur Beantwortung dieser Frage ein kurzer Exkurs zum Thema „Angst":

Babys und Kleinkinder sehen sich eine Spinne mit großen Augen an und staunen, wie sie es auch bei anderen Tieren tun. Durch die Reaktion der Eltern, das vom Kind beobachtete Umfeld und die Funktion unserer Spiegelneuronen (wir übernehmen, was wir bei anderen sehen) wird die Angst vor Spinnen wenig später auf die meisten Kinder übertragen.

Vielleicht hilft in diesem Zusammenhang folgende Frage: Wenn ein Kind „rein" auf die Welt kommt, also „wie ein weißes Blatt Papier ist" und später Ängste, Sorgen, Zweifel, Blockaden und Paniken entwickelt hat, was ist dann mit dem Kind „passiert"?

Können wir uns – als gemeinsame Antwort – darauf einigen, dass es Energien sind, die auf das Kind eingewirkt haben?

Ich möchte diese im weiteren Text „Fremdenergien" nennen, weil sie nicht original von uns stammen, sondern von anderen „übertragen" wurden. Meistens von den Großeltern, Eltern, Verwandten, Nachbarn, Erziehern im Kindergarten, Lehrern usw.

Tenzin nahm einmal einen Klebezettel in seine Hand und sagte: „Mami, ich sehe Energien an dem Menschen wie einen dieser Zettel." Er nennt diese Energien Wesen und „An-Teile", weil sie an dem persönlichen Energiefeld „dran sind".

Wie viele andere Kinder und auch manche Erwachsene, die ihre Fähigkeiten behalten durften, kann Tenzin Energien u. a. fühlen und sehen. In verschiedenen Intensitäten, Farben und Formen.

WIE SIEHT DER UMGANG MIT IMPULSEN IN DER PRAXIS AUS?

Um Fremdenergien möglichst keinen Raum zu bieten, ist es bedeutsam, so gut wie möglich auf Impulse zu reagieren.

Wie können wir beispielsweise unsere Bewegungs-Energie im Alltag ableiten? Beim Autofahren können wir zum Beispiel die Hände reiben, uns kitzeln, lachen, singen oder klatschen. Auch ein wenig Sport ist möglich, beispielsweise wenn wir an einer Ampel oder bei einer langen, geraden Strecke versuchen, das Lenkrad mit unseren Händen zusammenzudrücken und wieder auseinanderzuziehen, als wäre es elastisch. Auch das Anspannen der Po-Muskulatur kann bereits Energie abbauen. Auf einer Raststätte ist das natürlich noch besser möglich: ein kurzer Sprint, ein paar Dehnübungen, ein paar Kniebeugen.

Wenn diese Bewegungs-Energie hinausdarf,

erden wir uns gleichzeitig. Wir spüren uns. Wir bleiben da!

Etwas zum Trinken und ein Frucht-Getreideriegel oder etwas Obst sind immer leicht mitzunehmen. Wenn der Impuls „Essen" kommt, ist es wichtig, an dieser Stelle nicht zu sagen: „Wir essen erst, wenn wir zu Hause sind, oder erst, wenn alle am Tisch sitzen." Aus meiner Sicht sollte immer ein „Übergangsessen" möglich sein. Ein wenig vom bereits gekochten Essen oder etwas Obst. So wird unser „Sternen-Impuls" genährt und der richtige Hunger bleibt trotzdem noch bis zum gemeinsamen Essen.

Die Impulse „auf die Toilette gehen" und „entdecken" gehören auch dazu. Auf der Toilette lassen wir „etwas los". Das Entdecken ist für alle Kinder sehr bedeutsam, sie wollen dabei Dinge anfassen, was wiederum erdet. Tenzin liebt es zum Beispiel Bäume und Blumen zu berühren.

Wenn wir im Ergebnis all diese Bedürfnisse nicht umsetzen würden, würden wir die Tür für „etwas anderes", für Fremdenergien, öffnen.

KINDER SIND UNSER UPDATE

Ich möchte an dieser Stelle folgende Frage stellen: Würden wir ein neues Handy kaufen und dann die alte Software darauf installieren?

Bei Kindern machen wir das aus meiner Sicht viel zu oft.

Da kommt ein neuer Mensch auf diese Welt und wir „spielen die alte Software auf".

Dabei sind die Kinder doch – aus Sicht der Evolution – das „neueste Modell". Sie sind unser „Update". Und wir brauchen uns nur von ihnen „updaten" zu lassen!

Die Frage sollte also sein: Was dürfen und können wir von ihnen lernen?

Und das, was nach den von mir geschilderten Erkenntnissen als Antwort herauskommt, wäre zum Wohle aller! Die Kinder dürften „bei sich blei- ben" und wir Erwachsene dürften wieder lernen, was es bedeutet, „ganz bei sich zu sein" oder „in der Mitte zu sein".

Wer ganz bei sich ist, spürt genau, was er braucht, und folgt seiner Intuition. Er spürt, wenn er vorgeführt, angelogen oder manipuliert wird. Er spürt diese Fremdenergien.

Er braucht sich auch niemals die Frage zu stellen: Wer bin ich? Und hat auch niemals eine „Midlife-Crisis".

Das wäre aus meiner Sicht ein großes Geschenk für uns alle!

Kinder vertrauen uns so stark und meinen, dass wir alles wissen, da wir doch „die Großen" und damit auch ihre Vorbilder sind. Dabei sind wir Erwachsenen nur physisch gesehen die „Großen". Auf der geistigen Ebene wirklich groß und weise sind sie. Kinder vertrauen uns so stark, dass sie alles glauben, was wir sagen. Wenn wir sagen würden: „Das stimmt nicht, da gibt es keine Wesen (in Kinderbüchern von den Erwachsenen manchmal auch ‚Monster' genannt) im Schrank oder unter dem Bett." oder: „Da ist kein unsichtbarer Freund, das bildest du dir nur ein.", dann würden sie uns mehr vertrauen als ihrer eigenen intuitiven Wahrnehmung und diese daher aufgeben.

Dabei nehmen unsere Kinder die sie umgebenden Wesen überhaupt nicht als bedrohlich wahr, sie sind für sie ein vollkommen normaler Teil ihrer Umwelt. So wie Wolken oder die Sonne.

Es wäre wie bei einem Bonsaibäumchen, das wir immer und immer wieder beschneiden. Dabei ist es von seiner Natur her ein stattlicher Baum. In ihm steckt die ganze Ur-Energie mit all ihrem Wissen, doch das Bäumchen kann sich nie in seiner Kraft entfalten. Es kennt seine Wege, kann sie aber nie gehen. Das gestutzte „Kunstwerk" versucht es immer wieder, doch irgendwann passt es sich an und akzeptiert sein Schicksal.

Viele Eltern sehen in ihrem Kind – ohne jede böse Absicht – so ein Bonsaibäumchen und stutzen es, wie sie es für angemessen halten. Dabei sind sie es selbst, die Orientierung bräuchten, weil sie unnatürlich gestutzt und verdreht durch die Welt irren, auf der – meist unbewussten – Suche nach ihrer eigenen inneren Lebens- und Wachstumsrichtung. Auf der oft vergeblichen Suche nach dem Glück, das sie selbst schon in ihrer Kindheit verloren haben. Doch sie können es wiederfinden: in den eigenen Kindern, die frei wachsen wollen, anstatt klein gehalten und gestutzt zu werden wie ein Bonsaibäumchen, und die dieses Geschenk des „Sein-Dürfens", wie sie sind, durch Liebe zurückgeben.

WAS HAT DAS ALLES MIT DEM TITEL DIESES BUCHES „NIE WIEDER STREITEN" ZU TUN?

Ich erinnere mich an meine Anfangszeit als Tenzins „Lehrling".

Als er einmal sagte: „Mami, kannst du mir bitte Liebe senden?", und ich fragte: „Wie geht das?", war Tenzin erstaunt über diese Frage und wunderte sich, dass es für die Erwachsenen nicht normal ist, „Liebe senden" zu können.

Tenzin zeigte mir, wie es sich anfühlt, Liebe zu empfangen, daraufhin versuchte ich das Senden über mein Herzchakra, meinen Herzensraum. Als Tenzin feststellte, dass ich mich dabei sehr anstrengte, meinte er: „Mami, du brauchst dir nur zu wünschen, Liebe zu senden!"

Dieser Tipp öffnete mein Tor zur Sprache des Herzens. Ich spürte, wie sich schnell eine liebevolle Energie um mich herum ausdehnte.

Diese Liebe ist der Schlüssel zu unseren Kindern. Sie (und wir) brauchen diese Verbindung.

Möchtet ihr auch einmal „Liebe senden"?

Die bloße Intention „Ich wünsche mir, dass die Liebe fließen darf" reicht.

Wie nehmt ihr die Liebe wahr? Der eine nimmt es so wahr, dass sich ein großer Raum öffnet, und spürt eine Weite im Herzen. Der andere fängt an zu weinen. Mancher spürt Leichtigkeit oder Wärme ums Herz oder sieht Farben und es wird heller usw.

Gerne möchte ich an dieser Stelle noch eine Anekdote erzählen:

Immer wenn ich den Telefonhörer in die Hand nahm, wurde Tenzin unruhig. Schnell waren alte Bewertungen wie „das Kind braucht jetzt Aufmerksamkeit" da. Doch was tun, wenn irdische Dinge erledigt werden wollen?

Ich fragte Tenzin, wie eine Lösung „zum Wohle aller" aussehen könnte. Tenzins Antwort: „Mami, unsere Herz-Verbindung ist nicht mehr so stark, wenn du den Telefonhörer nimmst. Schaffst du es, gleichzeitig Liebe zu senden und zu telefonieren?"

Wenn unsere Kinder uns spüren, während wir die irdische „to-do-Liste" umsetzen, bleiben sie (und wir) vollkommen entspannt und ruhig.

In dem Moment, in dem wir die starke Verbindung zueinander haben, herrscht ein Zustand, in dem wir „ganz bei uns" sind. Das ist unsere Essenz. Das sind wir. Eins mit allem.

Aus dieser inneren Haltung heraus zu agieren, das ist - aus meiner Sicht - der Weg zum Wohle aller.

Ich stellte fest, dass ich dann anders spreche. Meine Stimme klingt viel weicher und ruhiger. Mein Gang und meine Bewegungen sind harmonischer. Meine Augen sind strahlender. Ich strahle dann Liebe aus.

Wenn wir in diesem Moment, in dem wir ganz da sind, jemandem begegnen würden, der uns sonst „aus der Fassung bringt", dann würden wir einfach ruhig bleiben und gelassen reagieren.

In diesem Zustand „gehen wir mit nichts in Resonanz". Wir sind frei von Bewertungen. Wir sind einfach nur wir selbst.

Wenn wir nicht ganz bei uns sind, dann wirken viele alltägliche Handlungen, zum Beispiel das Aufräumen, sehr mechanisch, fast schon wie bei einem Roboter, und unser Blick ist „stechender".

1. Warum bin ich außer mir?

2. Wer ist dann da, wenn ich nicht da bin, weil ich außer mir bin?

3. Wie komme ich wieder zurück zu mir?

4. Wie schaffe ich es, bei mir zu bleiben?

1. WARUM BIN ICH AUSSER MIR?

Diese Frage ist einfach und schnell beantwortet. Wir leben in einer Dualität. Unsere Welt besteht aus plus und minus, oben und unten, kalt und heiß, links und rechts, hell und dunkel. Ebenso existieren die hellen und die dunklen Energien. Jeder hat schon einmal von Engeln gehört und weiß, dass sie für das Licht stehen. Daneben gibt es eben auch zerstörerische Energien, das Dunkle. Alles ein Ausdruck der Dualität.

So wie Bakterien in unseren Körper hereinkommen können, wenn er geschwächt ist, so können Wesen in unser Energiefeld kommen, wenn wir nicht in der Liebe sind und nicht den Rhythmus leben. Wir sind dann im Ungleichgewicht, „gehen in Resonanz mit den Fremdenergien" und „öffnen ihnen die Tür ".

Ich sehe die dunklen Energien nicht als Gegner

oder etwas „Böses", sondern als Sparringspartner. Jeder gute Sportler trainiert mit einem Partner.

Die Wesen oder Fremdenergien helfen mir also, in mein Potenzial zu kommen und das „Liebe senden" sowie „bei mir bleiben" zu trainieren und damit wieder zu lernen.

Die dunkle Energie fühlt sich anders an als die Liebe. Ich nehme unter ihrem Einfluss Schwere wahr. Wir kennen das, wenn wir in einen Raum kommen und denken: Oh, was ist denn hier für eine schwere/negative Energie?

Das alles gehört zur Schöpfung. Sonst könnten wir den Unterschied nicht wahrnehmen.

Bedeutsam an dieser Stelle ist es, die dunklen Energien nicht als Gegner zu sehen oder abzuwerten, denn sonst würden wir sie, wie Johann Wolfgang von Goethe es ausdrückte, doch wieder nähren.

2. WER IST DANN DA, WENN ICH NICHT DA BIN, WEIL ICH ALSO AUSSER MIR BIN?

Auch hier gibt es eine kurze und klare Antwort: Fremdenergien, Wesen

Tenzin erklärt es mir so: „Mami, eine Fremdenergie ist wie eine Wolke, die vorbeizieht. Wenn wir uns jetzt auf die Wolke konzentrieren würden und sagen würden: 'So eine komische Wolke, bäh

bäh bäh', dann würden wir die Wolke nähren, anstatt die Sonne – also die Liebe – zu leben."

Das Dunkle will an sich nichts. Es ist nur. Nur wenn wir in Resonanz gehen, dann kann es durch uns wirken.

Wie ein Tisch. Er ist nur ein Tisch. Er ist weder gut noch schlecht. Doch stoßen wir uns daran, spüren wir deutlich den Schmerz.

Diese Metapher hat mir sehr geholfen, bei dem Thema „Fremdenergien, Wesen" entspannt zu bleiben.

3. WIE KOMME ICH WIEDER ZURÜCK ZU MIR?

Indem wir zum einen energetisch einfach nur „Liebe senden, Liebe fließen lassen". Dann dürfen wir wahrnehmen, dass sich die Fremdenergien verwandeln bzw. auflösen. Wenn wir uns darin üben, die Liebesfrequenz zu halten, wird es wieder normal sein, so wie das Atmen. Für unsere Kinder ist es auch ganz natürlich, Liebe fließen zu lassen.

Und zum anderen, da wir einen physischen Körper mit Bedürfnissen haben, indem wir die genannten Rhythmen leben: „Rhythmus trägt Leben", sagte vor ca. 100 Jahren auch schon Rudolf Steiner.

In unserem Alltag erinnert mich Tenzin immer

daran, wenn unsere Verbindung nicht mehr so stark ist, indem er ruft: „Mami, LiWa!"

Das ist eine Abkürzung und bedeutet „**Liebe** senden und **Wa**sser trinken." Es ist vergleichbar mit dem Moment, in dem ein Baby an die Brust der Mami möchte. Denn das Stillen steht, aus meiner Sicht, für „Verbindung stärken" und „(er)nähren". Wie schön, wenn wir es schaffen, diesen Moment auch wahrzunehmen und als Geschenk anzusehen.

Wenn wir also im Ungleichgewicht sind, weil wir unsere seelischen und körperlichen Bedürfnisse (Liebe, Trinken, Essen, Ruhe, Bewegung, Toilette, Entdecken usw.) nicht erfüllt haben, dann gehen wir in Resonanz mit den Fremdenergien.

Wenn wir die Sonne leben, dann kann diese die Wolken ganz leicht auflösen, also in Liebe verwandeln. Das ist Tenzin immer sehr wichtig. Er schickt die Fremdenergien nicht einfach weg (und damit woandershin), sondern er möchte sie immer in Liebe verwandeln.

Wie gesagt, das Dunkle will an sich nichts. Nur wenn wir in Resonanz damit gehen, dann reiben sich die Energien.

Zur Veranschaulichung: Das Wiesbadener Schloss Freudenberg bietet ein Erfahrungsfeld der Sinne. Hier steht im Außenbereich unter anderem die sogenannte Beziehungsschaukel. Setzt sich eine

Person auf die eine Seite der Schaukel und beginnt, sich zu bewegen, dann wird der andere – ohne sich selbst aktiv zu bewegen – automatisch mitge-schaukelt.

Sinnbildlich stellt diese Schaukel folgende Beispielsituation dar: Ein Partner kommt abends gestresst nach Hause und die zerstörerischen Ener-gien um ihn herum möchten sich mit den Energien des Partners, der dort wartet, „reiben". Geht der andere darauf ein, kann sich diese Situation schnell „hochschaukeln".

Tenzin erklärt hierzu, dass um uns herum Wesen sind, die sich wie Freunde gegenseitig helfen und damit erreichen, dass sie durch unseren Körper wirken können.

Als Tenzins Papi beispielsweise eines Abends von einem stressigen Arbeitstag nach Hause kam, rannte Tenzin direkt ins Bad. Er besprühte seinen Papi mit Wasser. Ich wollte erfahren, was er da tat.

»Papi in Liebe verwandeln. Um Papi herum ist etwas, was Aua macht", war Tenzins Antwort. Sein Papa war danach in der Tat entspannt und wieder voller Liebe. Der Abend war gerettet. Damals war Tenzin ungefähr zwei Jahre alt. So entstand „Ten-zin's magisches Schmunzelspray" und später das zugehörige Buch, das weitere Geschichten aus Tenzins Leben erzählt. Viele Erfahrungsberichte zeigen, dass das magische Schmunzelspray bei Alltags-Situationen und auch beim Einschlafen hilft, indem es alles wieder ins Gleichgewicht bringt.

Vielleicht noch ein anderes Beispiel?

Ist es bei euch ebenso, dass euer Kind gerne mit dem Rutschauto durch die Wohnung fährt?

Wenn Tenzin richtig Gas gab, dann hatte ich manchmal Angst um unsere Möbel. Was aber entsteht, wenn ich Angst habe? Eine Fremdenergie bildet sich. Wenn ich nun besorgt zum Fuß des Tisches blicken und sagen würde: „Bitte nicht gegen den Tisch fahren!", dann würde die Fremdenergie genau dort anhaften. Diese von mir erzeugte Angst würde durch Tenzin wirken können und er würde somit gegen den Tisch fahren.

Tenzin erklärt, dass er dann wahrnimmt, dass dieser Wunsch nicht von der Sternen-Mami kommt, sondern von einer Fremdenergie, die um mich herum ist.

Wäre es nun aus der Sicht des Kindes in Ordnung, zu fragen: „Warum bist du jetzt gegen den Tisch gefahren? Ich habe dir doch gesagt, dass du das nicht sollst!"?

Heute weiß ich, dass ich in meinem Leben ziemlich oft das andere, also nicht meinen Stern, genährt habe, und wünsche mir, nur noch die Liebe leben zu dürfen. Wenn jeder auf seinem Platz wäre und bliebe, dann befände sich alles im Gleichgewicht.

4. WIE SCHAFFE ICH ES, BEI MIR ZU BLEIBEN?

Unsere gemeinsame Wegbegleiterin, Dr. rer. medic. Kristiane Gierra (Psychotherapeutin), sagte einmal in einem gemeinsamen Vortrag: „Wenn wir wissen, dass das nicht der andere ist, der uns gerade ärgert, sondern sich Fremdenergien aneinander reiben, dann entsteht Frieden. Denn wir geben uns nicht mehr gegenseitig die Schuld. Es ist nicht der andere, sondern die Energie um ihn herum. Was der andere jetzt braucht, ist Liebe."

Im Zustand der Verärgerung gilt also: Das sind nicht wir. Das ist nicht der andere. Das gilt es zu erkennen, dann ist Streit endgültig Geschichte!

Das bedeutet natürlich nicht, dass wir die Verantwortung für unser Handeln abgeben können. Es bedeutet vielmehr, dass wir die Verantwortung dafür übernehmen, im Gleichgewicht und damit bei uns zu bleiben.

Wenn wir offen ansprechen, dass sich gerade Fremdenergien im Raum befinden, und nicht mehr dem anderen voller Vorwürfe gegenüberstehen, dann entsteht ein Raum für Frieden.

. . .

Wenn wir aufsteigende Aggression wahrnehmen, sei es bei uns oder bei jemand anderem, dann können wir, noch bevor diese Stimmung kippt, einen magischen Moment wahrnehmen: Den Moment des freien Willens, der fragt, welche Energie wir nähren wollen, und der uns zu einer Entscheidung führt. Für die Liebe und für das „Dableiben" oder für die Zerstörung.

Kurz nach diesem Moment, der immer länger wird, je mehr wir die Liebe nähren, spielt sich erneut eine Fremdenergie ein, die zum Streit ver*führt*.

Wenn wir uns dann für die Liebe entscheiden, ist der erste Schritt, innezuhalten und Liebe fließen zu lassen. Dann erkennen wir, welche Bedürfnisse jetzt erfüllt werden wollen. Wenn wir diesen Schritt nicht umsetzen, kommt es zum „Bäh-bäh-bäh-Modus" und damit letztlich zum Disput.

Ich erinnere mich genau, dass Tenzin schon als Baby mir oft sein Händchen vor den Mund gehalten hat, wenn ich im „Bäh-bäh-bäh-Modus" war.

Das Motto „vorwärts vertrauen und im Nachhinein verstehen" half mir hier.

Als Tenzin gerade sprechen lernte, ergänzte er seine Handlung mit den Worten: „Mami, nicht was sagen!"

In diesen Momenten spürte ich oft, dass ich

genau jetzt meinen Unmut äußern, in Bayern würde man sagen „mal auf den Tisch hauen", wollte.

Später erklärte Tenzin in entsprechenden Situationen: „Mami, nein, das sind Wesen, die da durch dich sprechen, das bist nicht du!"

Tenzin sagt auch:

- „Mami, je lauter jemand schreit, umso mehr Liebe braucht er!"

- „Je dunkler eine Energie ist, umso mehr Liebe braucht sie!" und

- „Jeder will in Liebe verwandelt werden!"

Doch warum fühlt es sich oftmals so echt und teilweise so (vermeintlich) gut an, jetzt in dem Moment lauter sein zu wollen? Mir wurde immer klarer, dass ich mich wohl in meiner Kindheit mit verschiedenen Fremdenergien identifiziert hatte und somit *dachte*, dass ich das sei.

EIN CODEWORT ALS „NOTRUF"

In unseren Coachings vereinbaren die Familienmitglieder für aufkommende Konfliktsituationen ein frei wählbares Codewort, zum Beispiel „Banane". Immer wenn jemand im Ungleichgewicht ist, ruft der andere wohlwollend das Codewort. Diese

Unterbrechung ermöglicht dem Betroffenen, innezuhalten und sich zu sammeln. Es hilft auch, wenn gleichzeitig zum „Liebe senden" und/oder Anwenden von Tenzins magischem Schmunzelspray derjenige, der gerade Hilfe braucht, in den Arm genommen wird und man ihm sagt: „Du schaffst das! Ich glaube an dich! Du bist stark!"

Eines passiert dabei immer: Nach wenigen Sekunden entspannt sich die Situation und der andere erkennt, dass er das nicht war – dass er nicht ganz bei sich war.

Es gibt keine Vorwürfe, keine Schuldzuweisungen, kein Nachtragen, denn das wären auch Fremdenergien.

Es kann ebenfalls sehr gut helfen, denjenigen im Gesicht oder an anderer Stelle leicht zu streicheln. So kann er sich wieder wahrnehmen und in seinem Körper bleiben oder gegebenenfalls ganz zurückkommen.

Als gute Nachricht sagte mir Tenzin: „Mami, bleib entspannt, du bist nie ganz weg. Ein Punkt – damit meint er einen Teil von mir, den er auf verschiedene Weisen wahrnehmen kann – bleibt immer."

Zu solchen Situationen, in denen Fremdenergien auf uns wirken, sei noch gesagt, dass es mit jeder Übung besser wird. Immer leichter. Bitte keinen

Druck ausüben und keine Selbst-Vorwürfe, denn auch das wären wieder Fremdenergien ;-)

Die beste Orientierung bieten unsere Kinder – unser Original. Sie bleiben, solange sie kein anderes Verhalten erlernt haben, stehen und weinen einfach. Kein Weglaufen. Kein „Tür zuwerfen".

Folgenden Tipp gab mir Tenzin damals auch schon mit auf den Weg:

„Mami, nicht was anfassen."

Also, ich soll nichts sagen und auch nichts anfassen?

„Ja Mami", erklärte er mir später ausführlicher, „denn du würdest in den Gegenstand, den du berührst, die Fremdenergie hineingeben, und wenn du dann wieder im Gleichgewicht bist und den Gegenstand wieder nimmst, dann hättest du diese Fremdenergie wieder an dir!"

Dadurch wurde mir immer bewusster, dass ich oftmals in einer Art „Fremdenergie-Schleife" war.

Und wenn einer von uns doch mal nicht ganz bei sich war und etwas Verletzendes sagte oder tat, dann gab Tenzin immer folgenden Tipp:

„Noch mal neu machen!"

Die gleiche Situation also noch einmal mit der Sternen-Mami oder dem Sternen-Papi nachspielen. So speichern wir ursprünglich unangenehme Erlebnisse wohlwollend ab und stärken den Fokus auf unsere wahre Natur.

Wir brauchen uns auch niemals zu rechtfertigen oder dem anderen zu erklären, was er unter negativer Spannung getan hat, denn er erkennt alles von selbst, wenn er die Möglichkeit hat, wieder vollständig bei sich zu sein. In diesem Moment findet eine Synchronisation statt.

5

WIE SIEHT DER UMGANG MIT FREMDENERGIEN IM ALLTAG AUS?

Auf eine bei unseren Vorträgen häufig gestellte Frage möchte ich gerne noch eingehen, da sie meines Erachtens oft zu Disputen führt:

Warum haben Kinder Angst vor dem Einschlafen?

Wir alle kennen den Satz „Kinder sagen immer die Wahrheit."

Wäre es dann auch in Ordnung, wenn wir ihnen in ihrer höchsten Not glauben und helfen, wenn sie sagen: „Da ist ‚etwas' im Schrank oder unter dem Bett?"

Warum sagen das so viele Kinder auf der ganzen Welt?

Ich erinnere mich selbst daran, dass ich Wesen im Schrank gesehen habe.

Nur weil viele Erwachsene diese Wesen nicht

(mehr) sehen können, bedeutet das nicht, dass es sie nicht gibt, dass Kinder da nicht wirklich etwas sehen, spüren oder auf andere Weise wahrnehmen!

Vor allem wenn es dunkel wird, erscheinen die Wesen in der Wahrnehmung unserer Kinder vermehrt.

Deshalb wollen Kinder auch so gerne Licht im Schlafzimmer haben.

Ich verstehe, wenn wir einwenden, dass Strom Geld kostet. Wäre die Lösung zum Wohle Aller vielleicht, eine Zeitschaltuhr an der Lampe zu installieren oder ein Nachtlicht zu verwenden? Tenzin liebt Licht. Bei uns gibt es sehr viele Lichterketten, Lichtkugeln und Ähnliches.

Habt ihr auch schon mal gefühlt, wie sich die Energie im Raum verwandelt, wenn Licht eingeschaltet wird?

Dieses Buch soll einen Impuls setzen, daher sind wir – übertragen auf die vier Jahreszeiten – nun im Herbst angekommen.

DIE KRAFT DER SPRACHE

Ich möchte noch etwas zu unserer deutschen Sprache sagen. Aus meiner Sicht gibt es in unserer Sprache viele Begriffe, die zur „Fast-Trennung" beitragen, da sie Zerstörung beinhalten:

„Jemandem einen Vor*schlag* machen."

„Ein *Stich*wort nennen."

Beim Telefonieren sagen: „Ich habe *keine Verbindung mehr.*"

Auf dem Weg ins Bad sagen: „Ich gehe mal ins Bad und *mache mich fertig.*"

• • •

„Schalte mal bitte *dein Licht* aus."

Welche Gefühle mag es in manchen von uns ausgelöst haben, wenn wir als Kind hörten, dass wir „unser Licht" ausschalten sollen, da doch unser Unbewusstes damit die Verbindung zu unserer Seele meinen könnte?

Wir haben uns gemeinsam mit Tenzin angewöhnt, etwas genauer zu benennen, was gemeint ist, indem wir sagen: „Wäre es für dich in Ordnung, wenn du das Licht im Wohnzimmer ausschaltest?"

NACHWORT

„Denn in Wahrheit nimmt der Erzieher, wenn er nur ein ganzer Mensch ist, vom Kind ebenso viel für sich, als er dem Kind gibt. Derjenige, der nicht von dem Kind lernen kann, was es ihm als Botschaft aus der geistigen Welt herunterbringt, kann einem Kind auch nichts über die Geheimnisse des Erdendaseins beibringen. Nur wenn das Kind unser Erzieher wird, indem es Botschaften aus der geistigen Welt herunterbringt, wird sich das Kind auch bereitfinden, die Botschaften, die wir ihm aus dem Erdenleben entgegenbringen, entgegenzunehmen.“

Dr. Rudolf Steiner

Mögen alle Wesen in allen Welten glücklich sein.

ÜBER DIE AUTOREN

Von der Geschäftsfrau zur Mutter: Als Claudia schwanger wurde, sagte ihre Hebamme: „Jetzt hast du die Chance, die Natur im Original zu erleben." Claudia beschreibt, was passiert, wenn wir annehmen, dass Kinder unsere Lehrer sind. Sie nimmt Eltern und alle Erwachsene, die mit Kindern zu tun haben, mit auf ihrer Reise und teilt ihre Erfahrungen und Erkenntnisse. Claudia hat es zu ihrer Lebensaufgabe gemacht, Kindern eine Stimme zu geben, und möchte helfen, die Einheit innerhalb der Familien wiederherzustellen.

Tenzin wurde bereits im Bauch seiner Mutter vom Dalai Lama gesegnet und erhielt von ihm dessen eigenen Namen „Tenzin". Im Oktober 2018 schrieb Seine Heiligkeit eine Widmung in sein Buch „Tenzin's magisches Schmunzelspray". Tenzin hat u. a. das „Wälder und Felder"-Projekt ins Leben gerufen und möchte mit den Einnahmen aus seinem Buch der Natur helfen, wieder ins Gleichgewicht zu kommen. Es sollen Orte werden, in der die Natur

„sein" darf und es jedem Besucher erlaubt ist, z. B. Äpfel, Kirschen und Beeren zu verzehren.

INFORMATIONEN ZU VERANSTALTUNGEN

Auf der Website www.Tenzin.de stehen u. a. Informationen zu Veranstaltungen von Claudia mit Tenzin

[f] facebook.com/TenzinsMagischesSchmunzelspray

Warum haben Kinder Angst vor dem Einschlafen?
Warum schreien sie oder zerstören manchmal etwas ohne
ersichtlichen Grund? Warum sind auch Erwachsene
manchmal aus dem Gleichgewicht?

Tenzin möchte uns mit diesem Buch seine Lösung zeigen
und Kinder (und Erwachsene) darin bestärken, an sich,
ihre Wahrnehmungen und Fähigkeiten zu glauben. So
können sie immer bei sich bleiben und müssen sich
später einmal nicht fragen: "Wer bin ich?", "Was ist meine
Lebensaufgabe?"

ISBN: 978-3000610790, hochwertiges Hardcover,
Comic inkl. Sprühflasche mit praktischem Clip